CP/CE1
cycle 2

La petite poule rousse
et autres histoires

Notes de **Pascal Dupont**
Formateur
IUFM Midi-Pyrénées

hachette
ÉDUCATION

La sorcière de mes rêves et *Un boxeur d'un mètre dix,* première publication aux éditions Hachette Jeunesse dans la collection Cadou,

La petite poule rousse

ISBN : 978-2-01-116506-0

43 quai de Grenelle 75905 Paris cedex 15
www.hachette-education.com

AVANT-PROPOS

De la littérature, pour quoi faire ?

Le cycle 2, cycle des apprentissages fondamentaux, est le moment où se construit le socle de la réussite scolaire. Il doit permettre à chaque élève d'accéder à la lecture et à l'écriture tout en se familiarisant avec leur dimension culturelle sans laquelle tout apprentissage demeurerait décontextualisé et vide de sens. Ouvrir aux enfants la porte de la littérature, c'est les introduire dans des univers imaginaires, leur permettre de répondre à des questions existentielles à travers des œuvres de fiction, susciter leur curiosité et leur appétit d'apprendre.
À partir de ces références littéraires, les élèves se constitueront des premiers repères qui entreront en résonance avec les expériences et les lectures à venir.

Quelles œuvres choisir ?

Le bibliobus Hachette propose aux jeunes lecteurs des œuvres intégrales de littérature de jeunesse propres à nourrir leur réflexion, à faire naître des interrogations, et qui sont adaptées à leur connaissance de la langue, à leurs compétences de lecture et de compréhension.
Elles ont été choisies parmi les œuvres du patrimoine, le fonds de littérature jeunesse des éditions Hachette Jeunesse et des manuscrits inédits.

Devenir lecteur

Dans le prolongement de l'école maternelle, la lecture régulière de contes, d'albums et de premiers romans destinés aux jeunes enfants,

est un élément décisif de la construction d'un comportement de lecteur.
Il convient donc, avant tout, d'écouter et de lire beaucoup d'histoires.
L'enseignant conduit les élèves à reformuler le texte, à en repérer les étapes, à tenter d'anticiper, à débattre de son contenu.
Il les aide à tisser des liens entre l'œuvre abordée et d'autres récits.

La littérature à l'école

Apprendre à lire, c'est mettre en jeu en même temps deux compétences très différentes : identifier des mots et comprendre un texte.
Le plus souvent les apprentis lecteurs ne maîtrisent pas encore suffisamment les automatismes du déchiffrage pour accéder seuls à des œuvres posant de véritables problèmes de compréhension. Les manuels d'apprentissage reflètent cette situation en ne proposant que des textes courts et peu complexes sur le plan narratif.
Il est donc nécessaire de présenter, en complément des supports d'apprentissage, des œuvres de littérature de jeunesse pour développer les compétences et les stratégies de compréhension.
Les nombreuses lectures à haute voix des enseignants, parents, médiateurs du livre, favoriseront l'accès de chaque enfant au monde de l'écrit. L'habitude de fréquenter des livres deviendra progressivement une culture.

Pascal Dupont
Formateur à l'IUFM Midi-Pyrénées

Conte populaire anglais

La petite poule rousse

Illustré par Michel Backès

Il était une fois une petite poule rousse.

Un jour, elle trouva un grain de blé.
« Qui m'aidera à le planter ?

planter :
mettre dans la terre pour faire grandir

– Pas moi, dit le chien.
– Pas moi, dit le chat.
– Pas moi, dit le canard.

– Alors, dit la petite poule rousse,
je le planterai toute seule. »

Et elle planta le grain de blé.

pousser : grandir

Le blé poussa.

faucher le blé : couper le blé

La petite poule rousse demanda :
« Le blé est haut maintenant, qui m'aidera à le faucher ?

– Pas moi, dit le chien.
– Pas moi, dit le chat.
– Pas moi, dit le canard.

– Alors, dit la petite poule rousse, je le faucherai toute seule. »

Et elle faucha le blé.

Quand le blé fut fauché, la petite poule rousse demanda :
« Qui m'aidera à battre le blé ?

battre le blé : séparer le grain de l'épi

– Pas moi, dit le chien.
– Ni moi, dit le chat.
– Ni moi, dit le canard.

– Alors, dit la petite poule rousse, je le battrai toute seule. »

Et elle battit le blé.

Quand le blé fut battu, la petite poule rousse demanda :
« Qui m'aidera à porter le blé au moulin ?

– Pas moi, dit le chien.
– Ni moi, dit le chat.
– Ni moi, dit le canard.

– Alors, dit la petite poule rousse, je le porterai toute seule. »

Et elle porta le blé au moulin.

Elle rapporta un gros sac de farine.
Elle demanda à ses amis :
« Et maintenant, qui m'aidera à faire du pain ?
– Pas moi, répondit le chien.
– Ni moi, répondit le chat.
– Ni moi non plus, répondit le canard.
– Alors, dit la petite poule rousse, je le ferai toute seule. »

Et elle fit du pain.

Quand le pain fut cuit, la petite poule rousse demanda :

« Qui m'aidera à manger ce pain ?

– Moi !! Moi !! répondit le chien.

– Et moi !! Et moi !! répondit le chat.

– Et moi aussi !! répondit le canard.

– Merci, dit la petite poule rousse, mais cela aussi je le ferai sans vous. »

Elle appela ses poussins.
Ils mangèrent tout le pain...

...et il n'en resta
ni pour le chien,
ni pour le chat,
ni pour le canard.

Pierre Puddu

Moi, quand je serai grand…

Illustré par Nathalie Desverchère

Bonjour, je m'appelle Thomas, j'ai six ans et j'en ai marre que l'on me demande tout le temps ce que je voudrais être plus tard.

j'en ai marre : j'en ai assez *(langage familier)*

Tous les ans, à l'école, la maîtresse nous pose la même question, puis aussi les grandes personnes quand elles ne savent plus quoi dire.

Alors, nous les enfants on invente souvent n'importe quoi. La dernière fois, en classe, Tom a dit que plus tard il voudrait être pompier.

Tom pompier ! C'est un vrai trouillard ! Il ne se lâche même pas des deux mains quand il descend du toboggan.

un trouillard :
un peureux
(langage familier)

elle est dans la lune : elle est rêveuse

Lucie a dit qu'elle voulait être cosmonaute et je la crois car elle est toujours dans la lune.

un pâtissier : personne qui fabrique les gâteaux

Moi, j'ai dit que je voulais être pâtissier mais c'est pas la vérité. Les gâteaux, j'aime les manger c'est vrai, mais j'aime pas les faire.

Pour de vrai, je vais vous dire ce que je voudrais être quand je serai grand.

J'ai bien regardé les grandes personnes et j'ai bien vu que, quand on est grand, on ne mange pas un bon goûter à cinq heures (du pain au lait avec deux barres de chocolat par exemple).

Mar
le chocolat

Quand on est grand, votre papa ou votre maman ne vous raconte pas une belle histoire avant de vous faire un gros câlin avant de dormir.

Quand on est grand, on ne vous sort pas du bain avec une serviette chaude, puis on ne vous porte pas bien enveloppé dans cette serviette pour vous mettre en pyjama.

Quand on est grand, on ne joue pas au loup, à cache-cache, aux billes, aux jeux vidéo, à faire semblant d'avoir peur.

faire des cabrioles : sauter comme un cabri

Quand on est grand, on ne fait pas de balançoire, pas de toboggan, pas de cabrioles, on ne grimpe pas aux arbres.

Quand on est grand, on ne s'invente pas des histoires de pirates, on ne se raconte pas d'aventures extraordinaires comme celle où je suis devenu champion du monde de tennis.

pirates

les bras en croix : les bras étendus de chaque côté du corps

Quand on est grand on ne court pas tête baissée et bras en croix en imitant le bruit de l'avion.

Quand on est grand, on ne joue pas à la récré avec ses copains.

Alors c'est décidé, moi, quand je serai grand…

…je serai petit.

Évelyne Lallemand

La sorcière de mes rêves

Illustré par Camille Noisette

Antoine aime tous les livres. Les livres qui le font rire, les livres qui lui font peur.

Les livres qui lui apprennent à bien lire, les livres qui lui apprennent à bien compter.

MON JUMBO!
xu de K. Dubois

Mais ce qu'Antoine préfère, ce sont les livres qui sont pleins de sorcières. Ce soir-là, dans la cuisine, il en ouvre un et se dit : « Voilà la sorcière de mes rêves ! »
La sorcière de ses rêves, c'est Baba-Barbouilla.
Elle est grande, elle est grosse, elle a l'air méchant.
Mais Antoine la trouve drôle.
Mais Antoine la trouve belle.
Si belle qu'il ferme les yeux et...

...le voilà dans la forêt avec la sorcière de ses rêves.
« Baba-Barbouilla, je t'aime ! dit-il. Je veux t'épouser. »

je veux t'épouser : je veux me marier avec toi

Baba-Barbouilla sourit et bing ! elle lui tape sur la tête.
Alors, par magie, Antoine se transforme en sorcier.

Antoine se transforme :
Antoine devient

« Pour m'épouser, dit Baba-Barbouilla, mange ces vers de terre. »
Antoine le sorcier prend sa fourchette, mais...
« Non ! crie-t-il. Je n'aime pas les vers de terre, je préfère...
...les tomates !

— Ha ! Ha ! Ha ! rit Baba-Barbouilla. Puisque tu n'as pas mangé les vers, tu ne peux pas m'épouser. Essayons autre chose. »

Bing ! elle tape sur la tête d'Antoine le sorcier et, par magie, il se transforme en chat. « Pour m'épouser, dit Baba-Barbouilla, pourchasse ces souris et mange-les.

pourchasse : poursuit pour les attraper

— Non ! crie Antoine le chat. Je n'aime pas les souris, je préfère...
...le poulet !

— Ha ! Ha ! Ha ! rit Baba-Barbouilla. Puisque tu n'as pas mangé les souris, tu ne peux pas m'épouser. Essayons autre chose. »
Bing ! elle tape sur la tête d'Antoine le chat et, par magie, il se transforme en ogre.

un ogre : un géant qui mange les enfants

fonce sur : jette-toi sur

« Pour m'épouser, dit Baba-Barbouilla, fonce sur ces petits enfants, et mange-les.

— Non ! crie Antoine l'ogre. Je n'aime pas les petits enfants, je préfère...

...les pommes de terre !

— Ha ! Ha ! Ha ! rit la sorcière. Puisque tu n'aimes pas les petits enfants, tu ne peux pas m'épouser. Essayons autre chose. »
Bing ! elle tape sur la tête d'Antoine l'ogre et, par magie, il se transforme en dinosaure.

un dinosaure : un animal préhistorique

« Pour m'épouser, dit Baba-Barbouilla, mange toute cette herbe.
— Non ! crie Antoine le dinosaure.
Je n'aime pas l'herbe, je préfère...
...le fromage !

— Ha ! Ha ! Ha ! rit Baba-Barbouilla. Puisque tu n'as pas mangé l'herbe, tu ne peux pas m'épouser. Essayons autre chose. »

Bing ! elle tape sur la tête d'Antoine le dinosaure et, par magie, il se transforme en pirate.

« Pour m'épouser, dit Baba-Barbouilla, fonce sur ce crocodile et mange-le. »

Antoine le pirate prend son sabre, fonce sur le crocodile, mais...
« Non ! crie-t-il. Je n'aime pas les crocodiles, je préfère...
...les glaces !
– Ha ! Ha ! Ha ! rit Baba-Barbouilla. Puisque tu n'as pas mangé le crocodile, tu ne peux pas m'épouser. Essayons autre chose. »

un sabre : une épée recourbée

Bing ! elle tape sur la tête d'Antoine le pirate et, par magie, il se transforme en tigre.
« Pour m'épouser, dit Baba-Barbouilla, fonce sur ta maman et mange-la.
– Non ! crie Antoine le tigre. J'aime trop bien ma maman pour la manger ! »

Alors, Antoine rouvre les yeux. Que c'est drôle ! Baba-Barbouilla n'est plus là et lui, il est redevenu un petit garçon.
Un petit garçon qui se dit :
« J'ai bien le temps de me marier ! »

Et voilà que sa maman lui dit :
« À table, Antoine ! »
Antoine sourit : ce soir, il va manger tout ce qu'il préfère.

Mais surtout pas sa maman !

Pierre Coré

Un boxeur d'un mètre dix

Illustré par Gusti

Je suis un boxeur d'un mètre dix. Enfin, un mètre dix, je le fais déjà, et boxeur, je vais le devenir. Je suis sur la bonne voie.

je suis sur la bonne voie : je vais bientôt réussir

un peignoir : un vêtement en éponge que l'on met après le bain

D'abord, j'ai dessiné une tête de tigre au stylo-feutre sur mon peignoir à capuche.
J'ai aussi écrit mon nom en grosses lettres : MAX TIGER.

C'est de l'anglais, ça veut dire Max le Tigre. Je trouve ça très classe.

très classe : très chic

déteindre : les couleurs du feutre vont tacher le vêtement

Quand elle a vu le résultat, Maman a hurlé. Elle a dit qu'elle ne pourrait plus le laver parce que ça allait déteindre.

Puisque je ne le mets qu'à la sortie du bain, mon peignoir est forcément toujours propre. Je ne vois donc pas pourquoi il faudrait le laver.

J'ai aussi un sparring-partner. Il s'appelle Benjamin, c'est mon ours. Même taille, même poids que moi. Comme ça on lutte dans la même catégorie. Le sparring-partner, c'est celui qui entraîne un boxeur. Il reçoit des coups sans jamais en donner : un dur métier.

lutter : se battre

n'a pas tenu le choc : n'a pas résisté

polystyrène : sorte de plastique

Benjamin est courageux. Il a déjà perdu un œil dans la bagarre mais il continue le combat.
L'ours que j'avais avant n'a pas tenu le choc, il s'est décousu. Chaque fois que je le boxais, il perdait les petites boules blanches de polystyrène qu'il avait à l'intérieur. Il y en avait partout dans la chambre et Maman hurlait. Maman hurle beaucoup, enfin, je la fais beaucoup hurler.

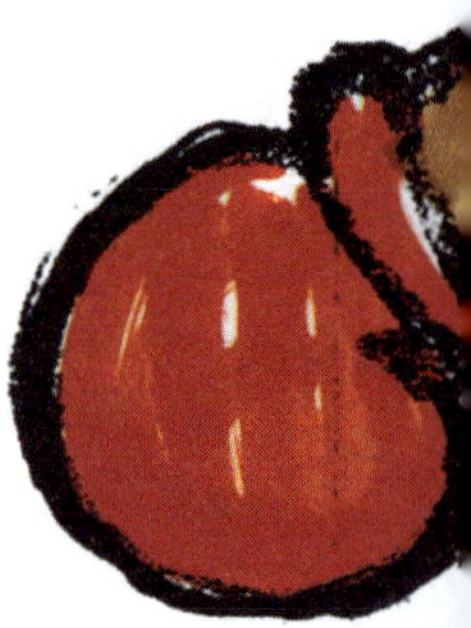

J'ai une très belle paire de gants de boxe. Avant c'était les gants de Maman. Je dis « avant » parce que maintenant elle ne veut plus les mettre. Il faut dire que j'ai cousu tous les doigts ensemble et que je les ai bourrés de coton pour amortir les chocs.

bourré : rempli

Vous savez déjà ce que Maman a fait, elle a un petit peu hurlé, moi, je lui ai dit qu'elle faisait l'économie d'acheter des gants de boxe, mais c'est vrai qu'elle a été obligée de s'en racheter une paire pour elle avec défense d'y toucher pour moi.
On ne peut pas penser à tout.

Je saute très bien à la corde. Mieux que toutes les filles du quartier réunies, Lucie comprise. Les garçons, ils trouvent que ça fait fille de sauter à la corde.

Alors que je sais que c'est excellent pour le souffle, pour le jeu de jambes et la coordination.

la coordination : être capable de faire plusieurs actions en même temps

D'ailleurs, j'ai vu à la télé un boxeur qui faisait ça pour s'entraîner.
Pour se durcir les poings, il frappait aussi des quartiers de viande frigorifiée.

frigorifié : congelé

C'est vrai, j'ai pas inventé. J'ai fait pareil avec un steak que j'ai pris dans le frigo.
Je l'ai accroché à un cintre et j'ai tapé dessus.

Maman a encore hurlé. Elle m'a demandé si j'étais malade ou quoi. Mais je lui ai dit qu'elle se rassure, que j'étais en pleine forme.

Papa, lui, ne hurle jamais. Il dit «Bof!» Il dit qu'à mon âge, il était comme moi. Ça m'étonnerait un peu parce que s'il avait été comme moi, aujourd'hui, il serait champion du monde poids lourd. Et tout le monde le respecterait. Il y aurait sa photo dans tous les

journaux et dans ma chambre aussi. Papa, c'est le genre de type qui s'excuse quand quelqu'un lui abîme sa voiture. J'ai pleuré quand j'ai vu ça. Donc Papa n'est pas comme moi et n'a jamais été un vrai boxeur, et donc il ne faut pas compter sur lui pour m'entraîner.

Mon entraîneur, c'est Paulo. En fait, il s'appelle Paul mais il préfère qu'on l'appelle Paulo parce que ça fait plus d'effet.

ça fait plus d'effet : c'est plus impressionnant

Un entraîneur, c'est très important pour un boxeur. C'est quelqu'un qui est très intelligent et qui pense à notre place. Parce que vous voyez, nous, avec tous nos entraînements, on n'a plus trop le temps de réfléchir.

il veille à :
il s'occupe de

Paulo m'aime bien, je crois. Il veille beaucoup à ma forme. Pour me muscler, il me fait toujours porter son cartable.

Il organise aussi mes combats. Je me bats contre celui qu'il me désigne, même ceux des classes supérieures, et lui, il parie des billes sur le vainqueur.

il organise : il prépare

Après, on partage. Deux pour lui, une pour moi, deux pour lui, une pour moi. C'est normal qu'il en ait plus, c'est lui qui organise. C'est ce qu'il m'a expliqué.

CIRQUE
TOY
STORY

Et puis si Maman hurle parce que j'ai déchiré mon pull, troué mon pantalon ou parce que j'ai encore un œil au beurre noir, Paulo me console. Il m'explique que les filles ne comprennent rien à la beauté du sport, voilà pourquoi c'est important un entraîneur.

Tous ces entraînements et tous ces hurlements, c'est un peu dur mais ça en vaut la peine. Quand je serai grand, je serai poids lourd et là, je pourrai vraiment faire ce que je voudrai.

"MAX TIGER"

refaire le portrait : taper sur la figure (langage familier)

D'abord, j'irai refaire le portrait du coiffeur-visagiste. Celui du coin de la rue. Celui qui ne connaît que la coupe au bol.

Chaque fois que j'y vais, je lui fais des propositions de coiffures avec des tas de chouettes couleurs, et lui, comme si de rien n'était, paf ! sa fameuse coupe au bol.

Bien sûr, Maman est sa complice mais elle, je ne peux rien lui dire. Tandis que lui, crochet du droit, direct du gauche, uppercut au foie, et après je le laisserai rôtir sous le casque à permanente.

une complice : une personne qui est d'accord

un uppercut : un coup de poing donné de bas en haut (mot anglais)

filer une pâtée : donner des coups (langage familier)

Ensuite, j'irai filer une pâtée au chien qui hurle (eh oui, encore

un !) contre la grille chaque fois
que je passe devant.
Je le déteste, ce chien.

Je passe quatre fois par jour devant lui. Quatre fois par jour depuis des mois, ça fait beaucoup. Il devrait commencer à comprendre que je ne lui veux pas de mal, ni à lui, ni à sa maison, ni à ses maîtres. Eh bien non, chaque fois, il se précipite contre le grillage, l'écume aux babines prêt à mordre, et il gueule (c'est pas un gros mot, c'est comme ça qu'on dit pour les animaux).

l'écume aux babines : en bavant

Sur la porte, il y a écrit « Attention, Chien Méchant ! », et le chien méchant, c'est le plus fidèle compagnon de l'homme méchant. Alors quand je serai poids lourd, c'est sûr, j'irai lui faire sauter ses vieilles canines jaunies.

J'irai aussi donner une correction à M. Froussard, mon instituteur.

Il dit qu'il en a assez de toutes ces bagarres. Alors que moi, je ne me bagarre pas : je combats dans le respect des règles du Noble Art. Pas de cheveux tirés, jamais de griffures ni de coups de pied, et je ne frappe jamais sous la ceinture.

En plus il me met toujours des mauvaises notes. Il dit que je copie sur Paulo, que nos devoirs se ressemblent. Comment pourrais-je copier sur Paulo ? Je fais toujours mes exercices avant lui et Paulo, très gentiment, parce qu'il sait que je ne suis pas très malin, il me les prend et les corrige s'il y a besoin, mais d'après lui il n'y a jamais besoin. On peut le croire, Paulo, c'est lui qui a les meilleures notes de la classe. Je pourrais en profiter pour copier puisque c'est mon entraîneur, mais je n'aime pas la triche. Donc M. Froussard, un œil au beurre noir à gauche, un coquard à droite, zéro plus zéro, ça lui fera la tête à Toto.

Monsieur Froussard

BOBBE

Mais avant tout cela, il faudra que je batte mon pire ennemi. Jusqu'à présent il a toujours gagné. Il vient le soir. Je suis seul dans ma chambre. J'entends Papa et Maman qui discutent en bas. Parfois, il ne vient pas tout de suite, il se fait attendre. Mais dès qu'il est là, le combat est acharné.

Je sautille sur place et je frappe fort, une fois, deux fois, rien à faire, il est intouchable. Il faut que je me méfie, je sais de quoi il est capable.

Aïe ! il m'a lancé du sable dans les yeux, le traître. Mes yeux se ferment, je ne vois plus rien, mes poings n'atteignent que le vide, mes bras sont tout mous, ma respiration se fait régulière, j'ai encore perdu. Marchand de sable vainqueur par K.O. à la première reprise.

Table

Édition : Thierry Amouzou, assisté d'Aurore Giuily
Fabrication : Patricia Coulaud
Illustrations : Michel Backès, Nathalie Desverchère,
Camille Noisette, Gusti
Création de la couverture : Laurent Carré, Alain Boyer
Réalisation de la couverture : François Hacker
Maquette intérieure : Laurent Carré, Michaël Funck
Réalisation : François Hacker
Relecture : Chantal Maury
Photogravure : Nord Compo

Imprimer en Italie par L.E.G.O. S.p.a
Dépôt légal : 10/2009
Collection n°73 - Edition 04
11/6506/7